Dieses Buch gehört

Blanca S. Schiller

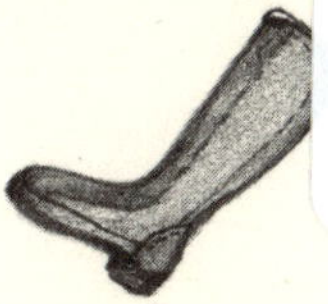

Nelli Henke

Der Rennstall-Erpresser

Illustrationen von Bärbel Witzig

JOMA

Text: Nelli Henke
Titelbild und Illustrationen: Bärbel Witzig
Reihenlogo: Ines Markowski
Gesamtherstellung: HP Buchdesign
Redaktion: Franziska Jaekel

Der Umwelt zuliebe gedruckt auf
chlorfrei gebleichtem Papier.

Inhalt

Aufregender Ferienbeginn

Sind wir bald da?“, fragte Linda müde. Sie rieb sich die Augen und schaute aus dem Autofenster. Am Morgen war sie mit ihrem Vater losgefahren. Es war noch kühl, und so kuschelte sie sich in ihre Jacke.
„Es dauert nicht mehr lange“, antwortete Gregor Tillmanns. „Freust du dich schon auf das Gestüt Kastanienhof?“
„Hm“, machte die 9-Jährige. Sie wäre in den Osterferien lieber in Köln geblieben, bei ihren Freundinnen. Aber Linda musste mit ihrem Vater in die Eifel fahren. „Ist es nicht furchtbar teuer, ein Gestüt zu kaufen?“
Herr Tillmanns lachte und lenkte den Wagen von der Autobahn herunter auf die Landstraße. „Ja, du hast recht. Genau darum möchte ich mir den

Kastanienhof in Ruhe ansehen. Wäre es denn nicht toll, eigene Pferde zu besitzen?“

„Weiß nicht“, murmelte Linda. Früher war sie gerne geritten. Aber seit dem Unfall im letzten Herbst hatte sich das geändert. Damals hatte sie Ausritte ins Gelände geliebt. Doch als ihr Pferd plötzlich vor einem Eichhörnchen gescheut hatte, hatte sie sich so erschrocken, dass sie sich nicht hatte halten können und heruntergefallen war. Dabei hatte sie sich den Arm gebrochen.

„Das Gestüt züchtet Pferde, und die besten nehmen an Rennen teil“, erklärte ihr Vater aufgeregt. Er bog in einen Feldweg ein. „Du könntest die Ferien immer dort verbringen und so viel reiten, wie du möchtest.“

Linda wollte aber gar nicht mehr reiten. Seit dem Unfall fürchtete sie sich sogar

ein wenig vor Pferden. „Warum wird das Gestüt überhaupt verkauft?“

„Es läuft nicht gut. Die Pferde sind bei den Rennen zu langsam und gewinnen keine Preise mehr. Das Training und die Zucht kosten aber ziemlich viel. Das kann der Besitzer, Thomas Konrad, nicht mehr bezahlen. Aber mit meinem Geld wird der Rennstall wieder erfolgreich werden.“ Gregor Tillmanns lächelte zufrieden.

„Geld muss arbeiten. Das ist so ähnlich wie mit Puschel. Du hast dein Taschengeld weggelegt. Als du genug gespart hattest, hast du dir ein Zwergkaninchen davon gekauft. Es bekam Nachwuchs, und das Junge hast du deiner Freundin Naomi gegeben. Dafür hat ihr Papa dir wieder Geld in dein Sparschwein gesteckt.“
Linda freute sich, weil ihr Vater so begeistert war. Oft war er müde, weil er so viel in der Bank arbeitete. Manchmal kam er sogar so spät von der Arbeit nach Hause, dass Linda schon im Bett lag. Sie sah ihn dann erst am nächsten Abend wieder, denn morgens verließ er das Haus früher als sie.
Lindas Laune wurde langsam besser. Immerhin hatte sie ihren Vater in den zwei Wochen ganz für sich! Sie würden lange Spaziergänge machen, sich aus-

kitzeln und viel lachen. Nur das Gestüt durfte er nicht kaufen! Denn Linda wollte auf keinen Fall auch die Sommerferien dort verbringen, sondern viel lieber mit ihren Freundinnen ins Freibad gehen. Sollte ihr Vater sein Geld doch in ein Schwimmbad stecken. Ja, davon musste sie ihn überzeugen. Es würde schon klappen, denn sie hatte ja zwei Wochen Zeit dafür.

Die Sonne stieg immer höher und erwärmte die Luft. Linda zog ihre Jacke aus. Sie legte den Anorak auf den Rücksitz und krempelte die Ärmel ihrer Bluse hoch.

Ihr Vater fuhr den Feldweg entlang. Am Horizont konnte Linda schon das Gestüt erkennen. Schließlich säumten Koppeln den Weg ein, einige waren leer, aber auf anderen grasten Pferde.

Linda kurbelte das Fenster herunter und

hielt das Gesicht in den warmen Fahrtwind. Auf einmal rief sie: „Schau mal, ein Fohlen! Ist es nicht süß?“ Das Füllen war kakaobraun, schlug mit seinem Schweif Fliegen fort und rieb den Kopf sanft am Bauch der Mutterstute.
„Wir sind da!“, verkündete Lindas Vater. Er lenkte das Auto durch ein Tor in den Innenhof und stellte es auf einem kleinen Parkplatz am Rand ab.

Linda stieg aus. Durch den Fahrtwind waren ihre Haare durcheinandergeraten. Sie band die blonden Strähnen zu einem Pferdeschwanz zusammen und schaute sich um. Auf der linken Seite sah sie ein Wohnhaus und auf der rechten befand sich der Pferdestall, dazwischen lag die Reithalle.
„Es gibt hier wirklich Kastanienbäume“, stellte Linda erstaunt fest. Fünf an der Zahl standen in der Mitte des Hofs, und darunter war eine Sitzbank aufgestellt, die von den Blättern der alten Bäume überdacht wurde.
Ein Mann lugte aus dem Stall. Mit großen Schritten und einem breiten Lächeln im Gesicht kam er auf Linda und ihren Vater zu. „Darum heißt das Gestüt Kastanienhof“, sagte er. „Ich bin Thomas Konrad. Schön, dass Sie schon hier sind.“

Er gab Gregor Tillmanns und Linda die Hand. Dann lüftete er seine Kappe, auf die eine Kutsche gestickt war. Er strich über seine Glatze und setzte die Kappe wieder auf.
„Mein Sohn ist in der Reithalle“, sagte er zu Linda. „Geh doch zu ihm. Max wird sich freuen, dich kennenzulernen. Er ist nur ein Jahr älter als du.“
Linda blickte Hilfe suchend zu ihrem Vater, weil sie doch die Zeit mit ihm verbringen wollte, aber der nickte. „Das ist eine gute Idee.“
Schweren Herzens überquerte sie den Hof und betrat die Reithalle. Max stand an der Bande und zog den Voltigiergurt eines wunderschönen Fuchses nach. Als der Junge Linda bemerkte, musterte er sie von oben bis unten. „Du musst Linda sein, denn Sandalen trägt hier sonst niemand. Heute Abend werden

deine Füße schmutzig sein und stinken. Ein Gestüt ist nichts für Stadtmenschen."

„Ich weiß auch, wer du bist, und ich wäre viel lieber in Köln als hier", entgegnete Linda schnippisch. Was für eine unfreundliche Begrüßung! Und wie Max überhaupt aussah! Er trug einen engen dunkelblauen Turnanzug, weiße Handschuhe und Gymnastikschuhe, wie ein Mädchen. Aber er benahm sich, als wäre er der tollste Reiter auf der Welt.

„Und ich habe nicht vor, mit meinen Sandalen in Pferdeäpfel zu treten."

„Kannst du reiten?", fragte Max herausfordernd.

Linda verschränkte die Arme vor der Brust. „Na klar!", antwortete sie bestimmt, obwohl sie selbst nicht ganz so überzeugt war, als sie an den Unfall im Herbst zurückdachte.

„Dann komm", sagte Max und ging zur

Seite. „Das ist mein Pferd. Er heißt Siebenschläfer, und er bockt nie. Mein Vater hat ihn mir geschenkt, weil er nicht schnell genug ist, um an Rennen teilzunehmen."

Linda zögerte. Eigentlich wollte sie gar nicht reiten, besonders nicht auf einem fremden Pferd und dann auch noch vor dem Jungen. Aber am meisten machte sie sich Sorgen darum, dass es keinen Sattel gab.

Max grinste frech. „Du brauchst keine Angst zu haben."

„Hab ich nicht!", log Linda verärgert. Sie stieg auf den Schemel, den Max vor den Fuchs gestellt hatte, hielt sich vorne am Voltigiergurt fest und zog sich hoch.

Da kam ein Mann in die Reithalle. Durch den Bart konnte sie kaum sein Gesicht sehen. „Was machst du denn da?", fragte er mürrisch und kratzte sich mit

dem Griff der Voltigierpeitsche am Ohr. „Das ist Linda, und sie kann es kaum erwarten zu zeigen, wie gut sie reiten kann“, antwortete Max an ihrer Stelle. Linda biss sich auf die Unterlippe. Am liebsten wäre sie abgesprungen und zu ihrem Vater gelaufen. Aber den Triumph wollte sie diesem Frechdachs nicht gönnen!
„Ich bin Kralle, der Stallmeister“, stellte

sich der Mann vor und ging in die Mitte der Reithalle. „Manchmal spiele ich auch den Dompteur.“ Dann lachte er laut und grollend.

Plötzlich gab Max dem Pferd einen Klaps. Der Fuchs wieherte erschrocken und trabte los. Linda hatte Mühe, das Gleichgewicht zu finden, und schaukelte auf dem Pferderücken hin und her. Sie war noch nie ohne Sattel geritten. Aber als sie sich an den Griffen des Gurts festhielt, fühlte sie sich ein wenig sicherer. Sie straffte den Rücken, legte die Beine eng an das Pferd und lächelte stolz.

In diesem Moment schlug Kralle mit der Peitsche auf den Boden. Siebenschläfer galoppierte los, immer an der Bande entlang. Linda konnte sich ohne Sattel kaum auf dem Pferderücken halten und rutschte von einer Seite auf die andere.

Sofort kam wieder die Angst, dass sie vom Pferd fallen würde, wie im Herbst. Sie wollte nur noch absteigen.
„Halt dich gut fest“, rief Max, dem nun auch das Lachen vergangen war. In ihrer Panik suchte Linda die Steigbügel, um mehr Halt zu haben. Da erinnerte sie sich, dass ja gar kein Sattel da war, und lief rot an. Verzweifelt legte sie sich mit dem Oberkörper auf Siebenschläfers

Hals und hielt sich an der Mähne fest. „Brrr“, machte Kralle. Der Fuchs fiel in den Trab, und bald darauf schritt er ruhig im Zirkel. Der Stallmeister lief zu ihm, griff nach dem Halfter und hielt den Hengst fest. „Du hättest mir sagen sollen, dass du ohne Sattel nicht reiten kannst“, schimpfte er mit Linda.
„Ist alles in Ordnung?“, fragte Max und stammelte etwas von „Tut mir leid“, was Linda aber mehr erahnen als verstehen konnte.
Sie sprang mit zittrigen Knien vom Pferd. Nur weg hier! Schnell rannte sie aus der Reithalle. Im Hof prallte sie mit einem jungen Mann zusammen.
„Hallo“, sagte er und lächelte Linda freundlich an. „Kann ich dir irgendwie helfen? Suchst du jemanden? Ich bin Stallbursche hier. Mein Name ist Philipp.“

Linda beruhigte sich langsam wieder.
„Ich bin Linda Tillmanns. Mein Vater ist im Haus. Zu ihm möchte ich."
„Wenn du weißt, wohin du möchtest, will ich dich nicht aufhalten", sagte Philipp, zwinkerte ihr zu und verschwand im Stall.

Linda macht eine Entdeckung

Linda lief schnell zum Haus. Doch als sie gerade hineingehen wollte, sah sie einen Zettel auf dem Boden liegen. Jemand musste ihn unter der Tür hindurchgeschoben haben. Das Blatt war in der Mitte gefaltet, und irgendetwas schimmerte durch das weiße Papier. Linda hob es neugierig auf und klappte es auseinander.

„Das sind Buchstaben, die aus einer Zeitung ausgeschnitten wurden“, staunte sie und las: „Bezahlen Sie endlich das Geld oder dem Gestüt wird etwas Schlimmes passieren!!!“

Jemand erpresste den Kastanienhof! Linda trat unruhig von einem Bein auf das andere. Das war ja unglaublich! Der Erpresser hatte drei Ausrufezeichen aufgeklebt. Er musste seine Drohung wirklich ernst meinen. Ob sie den Brief ihrem Vater zeigen sollte? Vielleicht spielte Max ihr auch einen Streich. Linda entschied, den Jungen zur Rede zu stellen. Erst wenn sie mehr wusste, wollte sie zu ihrem Vater gehen und ihm alles erzählen. Bestimmt würden sie dann sofort wieder abfahren.

Linda steckte den Brief in die Hosentasche und eilte aufgewühlt zur Reithalle, aber dort war niemand mehr. Sicher brachte Max gerade Siebenschläfer in seine Box. Sie ging zum Stall hinüber. „Max?“, rief sie. „Bist du hier? Versteck dich nicht! Ich finde dich eh.“ Als er nicht antwortete, suchte Linda die Boxen ab. Sie schaute hinein, strich den Pferden über die Mähnen und entdeckte den schönsten Schimmel, den sie je gesehen hatte.

„Nikolaus“, las sie auf dem Schild, das

an der Tür hing. Es war schon komisch mit ihr. Nach ihrem Sturz hatte sie das Reiten eigentlich an den Nagel hängen wollen. Aber als sie jetzt Nikolaus sah, konnte sie sich nichts Schöneres vorstellen, als auf ihm auszureiten. „Gleich morgen werde ich Herrn Konrad fragen, ob ich darf“, sagte sie. Und ganz leise flüsterte sie dem Schimmel ins Ohr: „Mit Sattel natürlich.“ Sie würde ihn nur im Schritt gehen lassen. Schließlich wäre das ihr erster Geländeritt seit dem Unfall, aber sie wollte es zumindest versuchen.

Linda fiel es schwer, sich von Nikolaus zu verabschieden, aber sie wollte sich nicht schon wieder von Max ärgern lassen. Bestimmt saß er in einer Ecke und hielt sich die Hand vor den Mund, um nicht laut zu lachen.

Linda fuhr fort, den Stall zu untersuchen.

Sie kam zu einer Boxentür mit vielen Emblemen. „Tornado“, las sie. „Du musst viele Preise gewonnen haben.“ Linda öffnete die Tür. Vorsichtig und mit ausgestreckter Hand ging sie zu dem Rappen, um ihn zu streicheln. Da trat sie auf etwas und wäre beinahe darauf ausgerutscht. Linda bückte sich langsam. „Eine Spritze“, sagte sie erstaunt und hob sie auf. „Merkwürdig!“

Auf einmal riss sie jemand am Arm aus der Box heraus. Linda drehte sich erschrocken um und sah in Kralles mürrisches Gesicht. „Bist du verrückt, Mädchen?“, schnaubte er. „Tornado hätte dich niedertrampeln können. Es ist ein großes Risiko, in die Box eines fremden Pferdes zu gehen.“
„Ich habe doch aufgepasst“, erwiderte Linda trotzig.
Da sah Kralle die Spritze. Er riss sie ihr aus der Hand und schimpfte: „Spritzen sind kein Spielzeug und gefährlich! Ich kümmere mich darum. Und du solltest ab sofort die Finger von allem lassen.“
Dann stapfte er wütend aus dem Stall.
Linda blieb die Spucke weg. „Der hat mir meinen Beweis gestohlen.“
„Wovon sprichst du?“, fragte Max, der gerade mit Siebenschläfer in den Stall kam.

Aufgewühlt berichtete sie von dem Fund und auch davon, dass der Stallmeister ihn ihr weggenommen hatte. „Er hat sich nicht einmal über die Spritze gewundert. Als hätte ich ein harmloses Pferdeplätzchen im Heu gefunden."
„Eine Spritze? Eigentlich passt Kralle mit solchen Dingen immer sehr gut auf."
„Du tust ja so, als wäre es völlig normal, eine Spritze in einer Box zu finden", sagte Linda wütend.
Max warf Gurt und Halfter auf einen Strohballen. „Manchmal bekommen Pferde Vitamine oder Medikamente gespritzt. Das ist nur gut für sie."
„Nimm Kralle ruhig in Schutz." Beleidigt verschränkte Linda die Arme vor der Brust. „Aber warum war er so wütend, als er gesehen hat, dass ich die Spritze gefunden habe?"
Max zuckte mit den Schultern.

Lindas Stimme überschlug sich, weil sie so aufgewühlt war. „Vielleicht spritzt Kralle den Pferden ein Schlafmittel, und darum laufen sie bei den Rennen so langsam. Er ist der Erpresser. Ja, er muss es sein!“
„Erpresser?“, fragte Max kreidebleich.
Linda holte das Blatt Papier aus ihrer Hosentasche und reichte es ihm.
Max raufte sich die Haare. „Oh nein! Nicht noch ein Brief.“

„Dann habt ihr schon öfter von dem Erpresser gehört?"
„Ja, aber wir haben nicht so viel Geld, wie er fordert, und mein Vater will auch nicht zahlen. Er sagt, dass der Erpresser danach bestimmt noch mehr Geld verlangen würde ..." Mit einem Mal merkte er, dass er zu viel ausgeplaudert hatte, und schaute Linda erbost an. „Aber dich geht das nichts an. Noch gehört das Gestüt uns!"
„Ich finde den Stallmeister jedenfalls sehr verdächtig. Bestimmt ist er der Erpresser und spritzt den Pferden etwas, was ihnen nicht gut tut, weil dein Vater ihm das Geld nicht zahlt", fuhr Linda unbeirrt fort und überlegte, ob sie ihren Vater jetzt schon einweihen sollte. Aber sie entschloss sich, erst weitere Beweise zu sammeln. Später konnte sie ihm immer noch alles erzählen.

„Wohnt Kralle weit weg von hier?“, fragte sie Max.

„Nein, er kommt sogar jeden Tag zu Fuß zur Arbeit.“

„Und ... tagsüber arbeitet er doch?“ Linda lächelte triumphierend.

„Und?“, fragte Max mit gerunzelter Stirn.

„Stell dich doch nicht so dumm! Wir durchsuchen sein Haus nach Hinweisen, alten Zeitungen mit Löchern, oder so“, schlug sie vor. Am liebsten wäre sie allein auf Verbrecherjagd gegangen, aber sie brauchte Max, damit er sie zu Kralles Haus führte.

Verdutzt schüttelte der Junge den Kopf. „In fremde Wohnungen einzusteigen, ist verboten und gefährlich! Und überhaupt, warum sollte ich ausgerechnet mit dir gemeinsame Sache machen?“

„Wir sitzen doch im selben Boot“, verteidigte sich Linda. „Stell dir vor, der

Erpresser wird verhaftet. Vielleicht will dein Vater dann doch nicht mehr verkaufen, und ich fahre mit meinem Vater sofort wieder heim. Kann doch gut sein, oder?“

Max überlegte. Schließlich zog er die Handschuhe aus und sagte: „Ich zieh mich schnell um. Wir müssen uns beeilen, damit wir vor dem Mittagessen wieder auf dem Kastanienhof sind.“

Auf Verbrecherjagd!

Linda und Max liefen zwischen den Koppeln hindurch einen kleinen Sandweg entlang, den sonst nur Reiter mit ihren Pferden benutzten. Immer wieder sprangen sie über Pferdeäpfel. „Du hättest eben doch keine Sandalen anziehen sollen", frotzelte Max und lief im Slalom um drei Haufen.
Linda biss sich auf die Unterlippe. Natürlich hatte er recht, aber das wollte sie nicht zugeben. „Woher sollte ich denn ahnen, dass wir einen Pferdeweg benutzen würden?"
„Hast du überhaupt feste Schuhe mitgebracht?", fragte Max.
„Wenn wir wieder auf dem Gestüt sind, ziehe ich sofort meine Turnschuhe an", sagte Linda genervt. „Sind wir bald da? Ich denke, er wohnt nicht weit weg."

„Hier entlang!“ Max sprang plötzlich über einen Zaun und rannte quer über die Weide. „Wir nehmen eine Abkürzung.“ Verdutzt schaute Linda ihm hinterher. Um ihn nicht zu verlieren, stieg sie zwischen zwei Holzstreben des Zauns hindurch und folgte Max. Als sie am anderen Ende der Koppel bei ihm ankam, war sie völlig außer Atem. „Du läufst wohl nicht viel“, neckte er sie grinsend.

Linda tat gelangweilt und fragte: „Wollen wir hier Wurzeln schlagen?“

Sie gingen weiter durch eine Gruppe von Pappeln, die als Windbrecher dienten, und liefen dann einen Abhang hinunter.

„Dort unten, das ist Kralles Haus.“ Max zeigte auf eine einsame, kleine Kate aus roten Backsteinen. „Er renoviert das Haus schon seit Jahren, wird aber wohl nie fertig werden, meint mein Vater.“

Linda grübelte. „Vielleicht braucht er dafür das Erpressergeld.“

Max zuckte mit den Schultern.

Sie schlichen die letzten Meter, dabei gab es gar keine Nachbarhäuser.

„Bist du sicher, dass er allein wohnt?“, fragte Linda. Sie spürte, wie ihr Körper vor Aufregung kribbelte. Natürlich befürchtete sie, entdeckt zu werden, aber die Neugier war größer.

„Ganz sicher“, entgegnete Max und blieb

kurz vor der Haustür stehen. „Kralle hat keine Frau und auch keine Kinder.“
„Wie sieht’s mit einem Wachhund aus?“
Seitdem ein Schäferhund Linda ein Wurstbrot aus der Hand geschnappt hatte, fürchtete sie sich vor Hunden.
Doch Max schüttelte den Kopf.
Linda wollte keine böse Überraschung erleben. Deshalb ging sie erst einmal zum Eingang und klingelte. Als nichts geschah, klopfte sie an ein Fenster und rief: „Ist jemand da?“
„Ich hab doch gesagt, dass Kralle allein lebt“, murrte Max. „Aber wie kommen wir ins Haus? Hast du dir darüber schon Gedanken gemacht, große Detektivin?“
Lindas Herz klopfte laut. Sich auszumalen irgendwo einzubrechen, war eine Sache, es dann zu tun, eine andere. Sie kaute aufgeregt auf einer Haarsträhne und überlegte. Hier herumzustehen

brachte sie nicht weiter. Linda ging um das Haus herum und rüttelte vorsichtig an der Hintertür und an den Fenstern. „Ich hab's!“, rief sie auf einmal. „Das Fenster hier ist kaputt. Es kann nicht richtig geschlossen werden. Siehst du, der Griff ist abgebrochen, und es steht einen Spalt offen.“

Max feixte: „Wie gut, dass Kralle es noch nicht repariert hat!“

„Aber ich bin zu klein. Du musst zuerst hineinklettern und mich hochziehen.“

Unruhig schaute sich Linda um, denn sie fühlte sich beobachtet, obwohl sie niemanden sah.

Max nickte und stieß das Fenster weit auf. Kraftvoll zog er sich hoch, setzte sich auf den Sims und sagte stolz: „Bin ich froh, dass ich seit vier Jahren voltigiere. Durch die Akrobatik auf dem Pferderücken wird man beweglich.“

„Ja, du bist toll“, murmelte Linda kaum hörbar und fragte dann lauter: „Ziehst du mich jetzt bitte hoch?“
Geschickt kletterte Max ins Hausinnere, lehnte sich aus dem Fenster und reichte ihr seine Hände. Er umfasste ihre Handgelenkte und zog Linda hinein.
Seite an Seite standen sie jetzt im Badezimmer. Es roch nach Putzmittel, das in der Nase brannte.

„Am besten untersucht jeder von uns ein Zimmer“, schlug Linda vor und versuchte entspannt zu klingen. Doch sie war so nervös, dass sie kaum auf einer Stelle stehen bleiben konnte. „Ich gehe ins Schlafzimmer. Nimm du dir das Wohnzimmer vor.“

Linda fand das Schlafzimmer sofort, denn keines der Zimmer besaß eine Tür, nicht einmal das Bad. „Eine richtige Bruchbude ist das“, schimpfte sie und lüftete mit Zeigefinger und Daumen die Bettdecke. Nichts. Auch unter dem Kopfkissen fand sie keine Beweise. Sie rümpfte die Nase und hob die Matratze hoch. „Fehlanzeige.“ Aber durch den Lattenrost konnte sie eine Kiste sehen. Linda ließ die Matratze los, kniete sich hin und holte die Schachtel unter dem Bett hervor. Ihre Hände zitterten vor Aufregung, als sie den Staub vom Deckel

abwischte und die Schachtel öffnete.
„Fotos, viele alte Fotos", rief Linda, damit Max hören konnte, dass ihre Suche erfolgreich war. „Auf allen Bildern ist Tornado zu sehen, und Kralle macht immer eine griesgrämige Miene. So wie er aussieht, muss Kralle einfach der Erpresser sein."
„Ein mürrisches Gesicht macht noch keinen Verbrecher", rief Max zurück.
„Du bist doch nur neidisch, weil ich schon etwas Interessantes gefunden habe", murmelte Linda zu sich selbst.
„So wie ich das sehe, hält Kralle sich viel zu oft in Tornados Nähe auf."
„Er ist ja auch der Stallmeister", sagte Max, der plötzlich hinter ihr stand.
Langsam wurde Linda sauer. „Warum bist du überhaupt mitgekommen, wenn du glaubst, dass er unschuldig ist?"
„Beruhige dich. Vielleicht hast du ja

doch recht. Schau, was ich gefunden habe.“ Stolz hielt er eine Tageszeitung hoch. Auf der ersten Seite klaffte ein großes Loch.

„Er hat etwas ausgeschnitten“, stellte Linda erstaunt fest.

Grinsend nickte Max. „Vielleicht die Buchstaben, mit denen er die Erpresserbriefe geschrieben hat. Bestimmt finde ich noch mehr zerschnipselte Zeitungen.

Ich werde weitersuchen.“ Er trottete ins Wohnzimmer zurück.

Linda schloss die Kiste mit den Fotos und schob sie wieder unter das Bett. Eifrig suchte sie den Nachttisch ab, fand aber nur Stofftaschentücher und einen defekten Wecker. Auch in der Holztruhe, die unter dem Fenster stand, entdeckte sie nichts Auffälliges, nur furchtbar altmodische Bettwäsche, mit der nicht einmal ihre Oma Vera ihr Bett beziehen würde. „Sie würde sie höchstens als Putzlappen benutzen“, spottete Linda und ließ den Deckel los. Er fiel krachend auf die Truhe. Linda zuckte zusammen.

„Geht das auch leiser?“, rief Max mit gedämpfter Stimme.

„Hier gibt’s doch keine Nachbarn.“

Max murmelte etwas, aber Linda konnte nicht verstehen, was es war, und ging zum Kleiderschrank. Als sie die Tür

öffnete, knarrten die Scharniere leise. Muffiger Geruch kam ihr entgegen, den sie auch von Oma Veras Schlafzimmer kannte. Mottenkugeln. Linda verzog das Gesicht.
„Eine Detektivin lässt sich von nichts abschrecken“, sagte sie zu sich selbst und begann, sämtliche Jacken- und Hosentaschen zu durchsuchen. Außer zerknülltem Bonbonpapier fand sie nichts. Auf dem Schrankboden standen Kralles Schuhe. Linda kniete sich hin, holte jeden einzelnen heraus und betrachtete ihn, aber ihr fiel nichts Sonderbares auf. Ihre Enttäuschung wuchs. Seufzend holte sie einen Stuhl, stellte ihn vor den Schrank und stieg darauf, um die oberste Schublade zu durchwühlen. In der hintersten Ecke lag eine Plastiktüte. Linda zerrte sie nach vorne und sah hinein.

„Jetzt haben wir ihn!“, rief sie laut und sprang vom Stuhl. „Na, wenn das kein Beweis ist, dann fresse ich einen Besen.“ In Windeseile rannte sie ins Wohnzimmer, aber Max suchte längst die Küche ab. Sie flitzte zu ihm hinüber und hielt triumphierend die Plastiktüte hoch. „In der Tüte sind Geschenke von verschiedenen Reitställen. Auf jedem Gegenstand steht ein anderes Logo. Das nennt man Bestechung!“

„Ich habe noch etwas viel Besseres gefunden“, behauptete Max und präsentierte ihr eine Handvoll Spritzen. Sie sahen viel dünner aus als die Spritze, die Linda in Tornados Box gefunden hatte, aber immerhin waren es Spritzen.

Plötzlich schwang die Haustür auf. Lindas Herz blieb fast stehen! Im Türrahmen tauchte Kralle auf und gleich

dahinter ihr Vater und Thomas Konrad. Die Miene von Herrn Konrad war finster, und Gregor Tillmanns hatte ein hochrotes Gesicht.
Bestimmt explodiert er gleich, dachte Linda und hielt die Luft an.
Kralle trat ein. „Ich habe Sie mit meinem Handy angerufen, damit Sie mit eigenen Augen sehen, dass Ihre Kinder bei mir eingebrochen sind.“
„Auf frischer Tat ertappt“, entfuhr es Herrn Konrad.
Gregor Tillmanns schüttelte den Kopf. „Was um alles in der Welt habt ihr hier zu suchen?“
Linda schluckte den Kloß in ihrem Hals hinunter und erzählte aufgekratzt von dem Erpresserbrief und der Spritze in Tornados Box. Schließlich zeigte sie auf Kralle. „Er ist der Erpresser! Wir haben viele Beweise in seinem Haus gefunden.

Sieh dir nur all die Sachen an, die er von fremden Reitställen geschenkt bekommen hat." Sie öffnete die Plastiktüte und präsentierte den Inhalt.
„Das sind Werbegeschenke von Turnieren", rechtfertigte sich Kralle.
Herr Konrad nickte zustimmend. „Ja, solche Geschenke werden bei Veranstaltungen kostenlos verteilt. Das sind keine besonders wertvollen Dinge. Das solltest du eigentlich wissen, Max."

„Und was ist hiermit?“, fragte Max trotzig und zeigte die Spritzen.
Murrend ging Kralle in die Küche, holte ein Fläschchen aus dem Schrank und zeigte es. „Ich bin zuckerkrank und muss mir mehrmals am Tag eine spezielle Medizin spritzen.“
„Und warum ist ein Loch in die Zeitung geschnitten?“ Max deutete auf den Zeitungsständer. „Der Erpresser hat Buchstaben aus einer Zeitung ausgeschnitten, um sie zu einem anonymen Brief zusammenzukleben.“
„Ich habe nur einen einzigen Artikel ausgeschnitten und zwar den über Tornados Erfolg letzte Woche. Langsam reicht es mir, Kinder!“, warnte Kralle.
„Linda, ich bin enttäuscht von dir!“, sagte Herr Tillmanns und blähte seine Nasenflügel auf. „Wir sind noch keinen Tag hier, und schon machst du Ärger.“

Lindas Herz rutschte in die Hose. Es sah ganz danach aus, dass alle Beweise, die sie in Kralles Haus gesammelt hatten, am Ende gar keine waren. Konnte es sein, dass sie sich geirrt hatten und er doch nicht der Erpresser war? Leise fragte sie: „Aber warum hat Kralle die Spritze, die ich in Tornados Box gefunden habe, so schnell verschwinden lassen?"
„Weil du dich hättest stechen können", brummte Kralle und nahm Linda die Plastiktüte aus der Hand.
„Irgendein Narr hatte Knallfrösche in Tornados Box gelegt", berichtete Herr Konrad. „Als sie explodierten, ist der Hengst durchgedreht. Darum musste Kralle ihm ein Beruhigungsmittel spritzen. Er hat mir von dem Vorfall erzählt und mir die Knallfrösche als Beweis gezeigt."

„Oh“, brachte Linda heraus. „Aber wieso sammelt er Fotos von dem Rappen in einer Schachtel unter dem Bett?“
„Weil ich Tornado aufgezogen habe. Ich kenne ihn, seit er ein Fohlen ist. Er ist mir ans Herz gewachsen.“ Plötzlich lächelte Kralle verträumt, und alles Grimmige verschwand aus seinem Gesicht.
Linda bekam ein furchtbar schlechtes Gewissen. Sie blickte zu Max hinüber,

der rote Wangen hatte und beschämt zu Boden schaute. Betrübt trat sie zu Kralle und reichte ihm die Hand. „Wir möchten uns entschuldigen. Es tut uns wirklich schrecklich leid! Wir hätten Sie nicht beschuldigen und erst recht nicht in Ihr Haus einsteigen dürfen."
„Eine Entschuldigung ist ja wohl das Mindeste, aber so leicht kommst du mir nicht davon", wetterte Herr Tillmanns.
Kralle schüttelte Lindas Hand und zwinkerte ihr zu. „Ist schon gut. Dafür werden die beiden Philipp kräftig beim Stallausmisten zur Hand gehen. Habe ich recht?"
Linda seufzte. So hatte sie sich ihre Ferien nicht vorgestellt, aber es war ja ihre eigene Schuld. Sie lächelte Kralle verlegen an. Er sah nun gar nicht mehr so mürrisch aus, weil seine Augen strahlten. „Ja, das machen wir", sagte

sie. Max nickte und legte seine Hand auf die von Linda und Kralle.
Milde gestimmt wandte sich Gregor Tillmanns an Herrn Konrad. „Und wir beide sollten uns jetzt zusammensetzen, damit Sie mir alles über den Erpresser erzählen können. Ich bin sehr erstaunt, erst jetzt von ihm zu erfahren."

Als Thomas Konrad und Gregor Tillmanns am Abend die Familie und auch die Angestellten im Hof des Gestüts zusammenriefen, erwartete Linda, dass es ein großes Donnerwetter geben würde. Alle hatten von dem Erpresser gewusst, nur ihr Vater nicht. Da musste er einfach sauer sein. Bestimmt würden sie gleich morgen früh nach Hause fahren, weil er den Kastanienhof doch nicht mehr kaufen wollte. Seltsamerweise machten diese Gedanken Linda ein wenig traurig. Vielleicht würde sie sich ja doch noch trauen, mit Nikolaus ins Gelände zu reiten. Und als sie am Nachmittag mit Max den Stall hatte ausmisten müssen, hatten sie sogar viel Spaß zusammen.

„Sehr schön, dass ihr alle gekommen seid“, sagte Thomas Konrad. „Ich muss euch etwas mitteilen. Leider steckt das Gestüt Kastanienhof in einer finanziellen Krise. Bisher haben wir den Rennstall mit unserem privaten Geld aufgefangen, aber inzwischen sind auch diese Mittel erschöpft. Deshalb müssen wir nun verkaufen.“ Tumult entstand.

Gregor Tillmanns hob die Hände und brachte alle zum Schweigen. „Ich interessiere mich für das Gestüt und möchte, dass Sie wissen, warum ich hier bin und meine Nase in alles stecke, denn ich will Sie nicht hintergehen.“

„Ich bitte euch, ihm alles zu zeigen. Alle Türen stehen ihm offen“, verkündete Herr Konrad. „Danke.“
Die Angestellten überfielen ihn mit ihren Fragen, und Linda lief zu ihrem Vater. Erstaunt fragte sie leise: „Und was ist mit dem Erpresser?“
„Um den wird sich die Polizei kümmern“, flüsterte er ihr ins Ohr und hob seinen Zeigefinger. „Aber du lässt ab jetzt die Finger von der Verbrecherjagd.“
„Morgen reite ich mit dem Schimmel Nikolaus aus, ins Gelände“, lenkte Linda geschickt ab und lief zu Max, um zu fragen, ob er sie begleiten wollte.
„Das lasse ich mir doch nicht entgehen“, antwortete er und rieb sich die Hände. „Dann werde ich endlich sehen, ob du wenigstens mit Sattel reiten kannst.“
Linda knuffte ihn sanft und grinste. „Warte nur ab!“

Gleich am nächsten Morgen ritten Linda und Max auf Nikolaus und Siebenschläfer über die Weiden. Zuerst hatte Linda richtig zittrige Hände und hielt sich verkrampft an den Zügeln fest. Aber dann war sie selbst überrascht, dass sie immer lockerer wurde, je länger sie auf Nikolaus' Rücken saß. Sie vertraute dem Schimmel!
Auf einem freien Stück Feld ließ sie Nikolaus sogar in den Trab fallen.

Es war gar nicht so schlimm, wie sie befürchtet hatte. Erst gegen Mittag kamen sie zum Kastanienhof zurück, als ihre Mägen schon vor Hunger laut knurrten. Doch auf dem Gestüt waren alle in heller Aufregung.
Ein Polizeiwagen stand im Hof. Herr Konrad saß auf der Bank unter den Kastanienbäumen und hatte den Kopf in den Händen vergraben.
Aufgeregt stiegen Linda und Max von den Pferden und liefen zu ihm. „Ist der Erpresser gefasst worden?“, fragte Linda.
„Nein“, antwortete Herr Konrad traurig und blickte auf. „Tornado wurde aus seiner Box entführt. Die Polizei hat nach Spuren gesucht, aber noch keine Hinweise gefunden.“
Linda und Max konnten es kaum glauben. Deshalb stellten sie am Nach-

mittag den Kastanienhof selbst noch einmal auf den Kopf, aber ohne Erfolg. Beim Abendbrot saßen alle betrübt zusammen.

„Das war bestimmt der Erpresser", sagte Linda traurig und kaute lustlos auf einem Käsebrot herum.

Herr Konrad nickte. „Wir müssen warten, bis er sich meldet, sagt die Polizei."

„Leider muss ich morgen für zwei Tage nach Köln zurück, weil die Bank mich braucht", verkündete Gregor Tillmanns.

Linda trank einen Schluck Milch und sah ihn verdutzt an. „Aber du hast doch Urlaub."

„Manchmal muss man auch im Urlaub arbeiten." Ihr Vater zuckte entschuldigend mit den Schultern.

Lindas Idee

Linda fiel es schwer, sich am nächsten Morgen von ihrem Vater zu verabschieden, auch wenn es nur für zwei Tage war. Aber da war ja Max. Sie hatte sich an seine Frotzeleien gewöhnt und war gar nicht mehr böse, wenn er sie neckte, sondern ärgerte ihn zurück, sodass sie gemeinsam lachten.

Nur Thomas Konrad wurde immer trauriger. „Ich hätte nie gedacht, dass der Erpresser so weit geht und ein Pferd stiehlt. Jetzt wird dein Vater das Gestüt bestimmt nicht mehr kaufen wollen."

Linda überlegte. „Warum gebt ihr keine Reitstunden? Damit kann man doch auch Geld verdienen, und ihr könntet den Kastanienhof behalten."

„Wir sind ein Rennstall", erklärte Max. „Unsere Vollblüter nehmen an wichtigen

Turnieren teil und sind echte Rassepferde."

„Na und?" Linda hob fragend die Augenbrauen. „Du reitest doch auch auf Siebenschläfer."

Herr Konrad seufzte. „Ich weiß nicht. Wir müssten das erst einmal ausprobieren."

Linda ließ sich jedoch nicht so schnell entmutigen. Sie dachte noch eine Weile nach, sprang plötzlich auf und rief: „Ich

hab's! Wir könnten einen Schnuppertag für die Kinder in der Umgebung veranstalten, mit Geschicklichkeitsreiten und anderen lustigen Spielen."

„Eine tolle Idee!" Max klatschte begeistert in die Hände. „Dann kann ich ihnen zeigen, wie viel Freude das Voltigieren macht. Vielleicht wollen sie es dann auch versuchen, und wir könnten eine Mannschaft bilden."

„Und wir würden sehen, wie die Pferde reagieren." Lächelnd nickte Herr Konrad. „Versuchen wir es, doch erwartet nicht zu viel. Wir müssen die Veranstaltung in den nächsten beiden Tagen machen, denn ich möchte nicht, dass irgendwelche Besucher deinem Vater vor die Füße laufen. Er soll sich ja alles in Ruhe ansehen können."

Eifrig machten sich Linda und Max ans Werk und malten große, bunte Plakate.

Herr Konrad entwarf sogar Handzettel auf seinem Computer.
Da Linda ihr Fahrrad nicht mitgebracht hatte, beluden sie und Max Herrn Konrads Auto. Doch der hatte keine Zeit, und so fuhr der Stallbursche Philipp sie in die Stadt. Er half ihnen dabei, die Einladungen auf der Einkaufsstraße an die Passanten zu verteilen. Linda fragte beim Bäcker, im großen Friseurladen an der Ecke und in einem Geschäft für Kinderkleidung nach, ob sie dort einige Handzettel auslegen durfte. Alle Verkäufer fanden, dass der Spaßtag eine wunderbare Abwechslung war – für die Kinder, die in den Osterferien zu Hause geblieben waren, aber auch für die Kinder, die ihren Urlaub in der Eifel verbrachten, so wie Linda. Sie durfte die selbst gemalten Plakate in die Schaufenster hängen und bekam sogar beim

Bäcker drei Brezeln geschenkt. Eine reichte sie Max und die zweite Philipp. Linda mochte Philipp. Er war immer gut gelaunt und freundlich.
Zum Schluss fuhr er sie in den Supermarkt, wo sie einige Dinge einkauften, die sie beim Spaßtag als Gewinne überreichen wollten. Dann machten sie sich auf den Rückweg.
Als sie wieder auf dem Gestüt waren, banden Linda und Max rote Bänder an die Zäune, die direkt an der Straße standen. Sie klebten ein selbst gemaltes Schild an das Tor und schmückten die Bäume im Hof mit Girlanden.
Am nächsten Tag entwarfen sie einen Plan, welche Spiele sie anbieten wollten, in welcher Reihenfolge diese stattfinden sollten und welche Preise es jeweils geben würde. Die Zeit verging durch die Vorbereitungen wie im Flug.

Als am großen Tag endlich die ersten Eltern mit ihren Kindern eintrafen, war Linda ziemlich aufgeregt. Viele Besucher strömten in den Hof. Sie schauten sich auf dem Gestüt um, staunten über die Pokale, die im Stall auf einem Regal hinter einer Glasscheibe standen, und füllten das Gestüt mit Leben.
Als Erstes zeigte Max in der Reithalle einige Voltigierübungen. Linda stand an der Bande. Sie war ein wenig neidisch, weil er ohne Sattel reiten konnte, aber

gleichzeitig auch stolz auf ihn. Tosender Beifall erklang. Max strahlte und brachte Siebenschläfer hinter die Bande, wo Nikolaus und zwei weitere Vollblüter warteten. In Windeseile bauten Kralle und Philipp die Hindernisse auf, die im ersten Spiel zu umreiten waren.

Herr Konrad erklärte über Mikrofon die Regeln und verkündete: „Der Erste kann zu mir kommen." Aber kein Kind traute sich.

„Ich fang an", sagte Linda zaghaft. Sie spürte wieder diese Angst, die sie verfolgte, seit sie vom Pferd gefallen war. Und sie mochte es auch nicht, im Mittelpunkt zu stehen. Aber dann sah sie zu Nikolaus und erinnerte sich daran, wie vorsichtig er mit ihr durch das Gelände getrabt war. Das hatte ihr Mut gemacht, und nun wollte sie den anderen Kindern Mut machen.

Linda ging zu Nikolaus. Sie setzte den linken Fuß in den Steigbügel und zog sich am Sattel hoch. Liebevoll tätschelte sie seinen Hals. „Ruhig“, flüsterte sie ihm ins Ohr.

Max reichte ihr ein Glas, das bis oben hin mit Wasser gefüllt war.

„Jetzt muss ich nur noch um die Hindernisse reiten und so wenig Wasser wie möglich verschütten“, murmelte sie, streckte ihren Arm aus und starrte auf das Glas. Schon jetzt floss etwas Wasser am Rand hinunter, weil ihre Hand vor Aufregung zitterte.

Sanft drückte sie ihre Hacken in den Bauch des Schimmels. „Schön ruhig“, murmelte sie. „Beim ersten Durchgang wird noch keine Zeit gemessen, erst beim zweiten.“

Nikolaus schritt bedächtig durch die Arena. Linda hielt die Zügel in der linken

Hand und lenkte den Schimmel an den Hindernissen vorbei. Wann immer sie etwas Wasser verschüttete, hielten die Zuschauer den Atem an. Ritt sie etwas schneller, feuerten sie Linda durch Klatschen an. Sie fieberten mit ihr mit. Das spürte Linda. Langsam kehrte Nikolaus zum Ausgangspunkt zurück. Linda hatte es geschafft! Die Zuschauer applaudierten und pfiffen vor Begeisterung, sodass Linda ganz verlegen wurde.

Herr Konrad nahm ihr das Glas aus der Hand, das noch drei viertel voll war, und setzte es auf einen Tisch. Er schrieb ihren Namen auf eine Karte und legte sie unter das Glas. Dann sprach er ins Mikrofon: „Möchte jemand versuchen, ob er weniger Wasser verschütten kann als Linda?“

Zahlreiche Kinder eilten zu ihm. Jedes wollte als Nächstes auf einem der Pferde reiten und seine Geschicklichkeit unter Beweis stellen.

Linda lächelte Max zu. Das Eis war gebrochen, und sie selbst konnte es kaum erwarten, ein weiteres Mal auf Nikolaus durch den Parcours zu reiten. Die Zeit würde gestoppt werden, und sie musste es im Trab versuchen, um zu gewinnen. Aber eigentlich war ihr der Sieg egal, denn sie hatte endlich wieder Spaß am Reiten!

Linda ließ sich keines der Reitspiele entgehen. Längst schon war es nicht mehr nötig, den Anfang zu machen, um den anderen Kinder zu zeigen, wie wundervoll es war, auf einem Pferderücken zu sitzen. Bei den meisten Spielen musste sie sogar warten, bis sie an der Reihe war.
So auch beim „Pferdeküssen“. Linda saß auf Nikolaus und wartete mit zwei anderen Mädchen auf das Startzeichen. Als Herr Konrad endlich rief: „Aufgepasst, Reiter, Hände an die Zügel und los!“, stieß Linda Nikolaus behutsam in den Bauch. Der Schimmel trabte los, quer durch die Arena. Erst am anderen Ende zog Linda die Zügel an. Nikolaus blieb stehen. Sie sprang in Windeseile hinunter, raste zu einem Tisch, auf dem ein Schokokuss stand, und hielt die Hände auf den Rücken. Ihr Herz schlug

heftig, als sie den Schokokuss schnell verputzte. Ihre Lippen klebten. Sie leckte sie mit der Zunge ab, stieg auf einen Schemel und dann auf Nikolaus. Ohne dass sie etwas tun musste, trabte er zurück zum Ausgangspunkt. Linda jubelte. Sie hatte diese Runde problemlos gewonnen.

Sie schwang sich vom Pferderücken und umarmte den Hals des Schimmels. „Wir sind ein tolles Team!“

Auch gegen Max trat Linda an. Auf der Koppel mussten sie auf Nikolaus und Siebenschläfer zum Zaun reiten, absteigen und jeder über den oberen Querbalken balancieren, mit den Zügeln in der Hand, sodass die Pferde neben dem Balken liefen. Natürlich war Max schneller.

„Durch das Voltigieren hast du einen besseren Gleichgewichtssinn als ich“,

sagte Linda später im Hof und machte einen Schmollmund.
„Stimmt!“, antwortete Max und grinste frech. „Aber du kannst es ja auch lernen.“ Er reichte ihr eine Tüte Bonbons, die er soeben gewonnen hatte. Linda griff beherzt zu und schmunzelte.
Erst als es dunkel wurde, gingen die ersten Besucher nach Hause, bepackt mit Fähnchen und Aufklebern des Gestüts Kastanienhof, die Herr Konrad jedem Gast schenkte. Eltern und Kinder bedankten sich bei ihm für den lustigen Nachmittag und schüttelten auch Linda und Max die Hände, weil sie das Gestüt so wunderschön geschmückt hatten.
„Ihr könnt stolz auf euch sein“, sagte Herr Konrad, nachdem alle gegangen waren und sie den Hof und die Koppel aufgeräumt hatten. Gemeinsam saßen

sie erschöpft in der Küche. „Der Spaßtag war ein voller Erfolg!“
„Es war Lindas Idee“, warf Max ein. Glücklich, aber müde lächelte sie. „Aber ohne dich hätte ich nie so viele Plakate malen und Handzettel verteilen können.“
„Schaut nur.“ Herr Konrad zeigte ihnen einen Schreibblock voller Adressen. „Diese Besucher haben alle nach Reitkursen und weiteren Spaßtagen gefragt.“

„Dann wird aus dem Rennstall doch noch ein Reitstall?“, fragte Linda mit leuchtenden Augen.
Besorgt zuckte Herr Konrad mit den Schultern. „Ich weiß nicht, was aus dem Kastanienhof wird. Das kommt auch auf deinen Vater an.“
„Wie wird er die Idee mit den Reitkursen finden?“ Max gähnte und stützte seinen Kopf mit der Hand ab.
„Er wird sie mögen“, antwortete Linda. „Da bin ich mir sicher!“

Eine heiße Spur

Wie sie sich getäuscht hatte! Am nächsten Vormittag kehrte Gregor Tillmanns auf das Gestüt zurück und wurde sofort von Linda bestürmt. Sie erzählte ihm begeistert, was sie in den letzten beiden Tagen alles auf die Beine gestellt hatten, wie erfolgreich der Spaßtag gewesen war und wie sehr ihr das Reiten wieder Freude bereitete.
Aber anstatt froh darüber zu sein, stellte er Herrn Konrad verärgert zur Rede.
„Wenn Sie den Kastanienhof doch nicht mehr verkaufen wollen, dann sagen Sie das bitte, und wir reisen heute noch ab."
Sein Gesicht war finster. Linda mochte es nicht, wenn ihr Vater schimpfte.
Thomas Konrad hörte auf, die Futtersäcke zu zählen, und blieb ruhig. „Linda hat Ihnen von dem Spaßtag erzählt.

Das war eine ganz tolle Idee von ihr!“

„Das mag sein, aber ich interessiere mich für einen Rennstall, nicht für einen Ponyhof“, beharrte Gregor Tillmanns.

„Es war doch nur ein einziger Tag“, versicherte ihm Herr Konrad. „Ich wollte nur einmal etwas Neues versuchen.“

Linda bekam ein schlechtes Gewissen, immerhin war die Veranstaltung ihre Idee gewesen. „Es ist alles meine Schuld“, brachte sie zaghaft hervor.

„Was hast du dir dabei gedacht?“, fragte ihr Vater gereizt. „Ich hatte dir doch erzählt, dass ich den Rennstall so weit bringen möchte, dass die Vollblüter wieder Rennen gewinnen.“

Betrübt ließ Linda die Schultern hängen. „Aber du hast außerdem gesagt, dass die Pferde zu langsam sind. Max’ Fuchs ist auch nicht schnell genug für Rennen, und darum hat Herr Konrad ihn Max

zum Voltigieren geschenkt. So bin ich auf die Idee gekommen. Wenn die Vollblüter nicht gut genug für Pferderennen sind, können sie doch Kindern Freude bereiten."
Gregor Tillmanns seufzte. „Versteh doch, ich möchte, dass die Pferde wichtige Rennen gewinnen! Das allein interessiert mich. Für einfache Reitstunden sind die Vollblüter zu wertvoll."
„Das sehe ich anders", sagte Linda schnippisch. „Nikolaus, der schönste

Schimmel der Welt, muss keine Pokale gewinnen wie Tornado, damit ich ihn mag."

„Wie kommst du jetzt auf Tornado?", fragte ihr Vater und blinzelte seine Tochter misstrauisch an.

Linda zuckte mit den Schultern. „Er ist doch das schnellste Pferd des Gestüts und für dich bestimmt das wertvollste, weil er viel Geld bei den Pferderennen gewinnt."

Gregor Tillmanns packte ihre Schultern und schaute ihr tief in die Augen. „Sag die Wahrheit! Hast du Tornado aus der Box entführt? Ich weiß, dass du nicht möchtest, dass ich den Kastanienhof kaufe. Das habe ich bereits auf der Hinfahrt gemerkt."

„Nein, ich habe ihn nicht versteckt."

„Linda, lüg mich bitte nicht an. Du weißt, dass der Rennstall ohne Tornado für mich uninteressant ist. Steckst du mit Max unter einer Decke?“

„Herr Tillmanns!“, ermahnte Thomas Konrad ihn. „So etwas würden die beiden nie tun, auch wenn Max ebenso wie Linda den Verkauf gerne abwenden würde.“

„Es tut mir leid“, sagte Gregor Tillmanns und nahm Linda in den Arm. „Wenn der Erpresser ein anderes Vollblut gestohlen hätte, wäre es ebenso schlimm.“

„Aber er wusste genau, was er tut, denn Tornado ist unser bestes Pferd im Stall. Die Polizei vermutet, dass der Erpresser auf dem Hof arbeitet. Noch vor kurzem hätte ich für meine Angestellten die Hand ins Feuer gelegt. Jetzt bin ich mir nicht mehr so sicher.“ Herr Konrad raufte sich die Haare und fuhr fort, die Futtersäcke zu zählen.

Linda flüchtete nach dem Mittagessen vom Kastanienhof. Ihre Stimmung war auf dem Nullpunkt. Bedrückt verbrachte sie den Nachmittag damit, das kakaobraune Fohlen, das sie schon bei ihrer Ankunft gesehen hatte, auf der Koppel zu beobachten.
Erst Max, der zur ihr kam, um sie zum Abendbrot zu holen, riss sie aus ihren Gedanken. „Es gibt Brote mit leckerem

Kastanienhonig. Du kannst ruhig zurückkommen. Es streitet niemand mehr."
„Ich weiß, aber es herrscht dicke Luft", antwortete Linda. Sie sprang vom Gatter. „Dein Vater ist traurig, weil meiner das Gestüt jetzt vielleicht doch nicht mehr kaufen möchte."
„Aber wir wollten doch, dass alles so bleibt, wie es ist." Max rüttelte am Zaun, als wollte er prüfen, ob die Pfähle noch fest genug im Boden verankert waren.
Linda seufzte. „Irgendwie schon, aber dein Vater war heute Morgen ziemlich niedergeschlagen, als er hörte, dass mein Vater das Gestüt nur haben will, wenn Tornado gefunden wird."
„Dann möchte mein Vater doch noch verkaufen, obwohl sich nach dem Spaßtag viele Kinder zu Reitkursen anmelden wollten?", fragte Max mit aufgerissenen Augen.

„Vielleicht braucht das Gestüt noch mehr Geld, als durch Kurse verdient werden könnte." Linda zuckte mit den Schultern, und sie machten sich auf den Rückweg. „Egal, wie es kommt, entweder dein Vater oder meiner wird unglücklich sein."

Linda und Max schlenderten nebeneinander an den Koppeln vorbei und überlegten, was sie tun könnten. Aber sie kamen auf keine Lösung. Bedrückt marschierten sie durch das Tor, überquerten den Innenhof und gingen langsam in Richtung Küche.

„Die Polizei!", rief Linda erstaunt aus. Zwei Männer in Uniform saßen am gedeckten Tisch. Einer von ihnen hatte Handschuhe an und steckte gerade einen gefalteten Zettel in eine durchsichtige Plastiktüte. Thomas Konrad goss Kaffee in zwei Tassen. Linda fiel auf, wie blass er aussah.

Ihr Vater kam auf sie zu und reichte Linda einen Teller mit geschmierten Broten. Max gab er zwei Gläser Saft. „Esst bitte im Wohnzimmer“, sagte er ernst. „Der Erpresser hat sich wieder mit einem Brief gemeldet. Er verlangt sehr viel Geld für Tornado.“
Linda wollte gerade betteln, dass sie bei dem Gespräch mit den Polizisten dabei sein durften, aber ihr Vater sagte: „Wir erzählen euch später alles. Bitte, lasst uns jetzt allein.“
Schmollend, weil sie nicht bleiben durften, gingen die Kinder in den Hof hinaus und setzten sich auf die Bank unter den Kastanienbäumen.
„Ich mache mir Sorgen um Tornado“, meinte Linda bekümmert. „Er muss Angst haben, so allein.“
Max nahm ein Honigbrot und biss ab. Mit halbvollem Mund sagte er: „Sie

werden ihn bestimmt bald finden. Da bin ich mir sicher!“
Das beruhigte Linda überhaupt nicht. Sie hatte richtige Bauchschmerzen, aß nur ein halbes Brot und ging früh auf ihr Zimmer, um zu lesen. Aber sie musste ständig an Tornado denken und müde war sie auch noch nicht. Linda legte das Buch auf den Nachttisch, machte das Fenster auf und schaute in den Hof.
War da nicht ein Licht? Ja, ein kleiner Lichtkegel schien durch die Fenster des Pferdestalls. Aufgewühlt knabberte Linda an ihrer Unterlippe. „Warum ist jemand mit einer Taschenlampe im dunklen Stall unterwegs? Er könnte doch das Licht anschalten?“
„Das habe ich mich auch gefragt.“
Lindas Herz blieb vor Schreck beinahe stehen. Sie schaute zur Seite und entdeckte Max.

Grinsend lehnte er sich aus dem Fenster seines Schlafzimmers, das genau neben dem von Linda lag, und gestand: „Ich kann auch noch nicht schlafen."
„Dann ist es ja wohl klar." Aufgeregt deutete Linda mit einer Kopfbewegung zum Stall und dem Lichtkegel. „Wir gehen hin und sehen nach."
„Natürlich! Wir sind doch die Rennstall-Detektive", sagte Max stolz und verschwand in seinem Zimmer.

Schnell schloss Linda das Fenster. Sie trat in den Flur hinaus, wo Max schon auf sie wartete.
„Seltsame Dinge geschehen im Stall“, raunte er geheimnisvoll.
„Pst!“ Linda legte den Zeigefinger an den Mund. Sie flüsterte: „Wenn unsere Väter uns hören, schicken sie uns in die Zimmer zurück, und der nächtliche Ausflug ist vorbei.“
Auf Zehenspitzen gingen Linda und Max die Treppe hinunter ins Erdgeschoss. Sie stahlen sich am Wohnzimmer vorbei und öffneten vorsichtig die Haustür. Leise knarrten und quietschten die Scharniere. Die beiden huschten durch den Türspalt und schlichen über den Innenhof. Während sie immer wieder unter den Kastanien Deckung suchten, näherten sie sich langsam dem Stall. Noch immer tanzte der Lichtkegel über

die Fensterscheiben. Lindas Herz schlug heftig. Sie hatte sogar feuchte Hände und wischte sie an der Hose ab. Dabei blickte sie zu Max und bemerkte, dass er vor Aufregung rote Flecken auf den Wangen hatte. Das letzte Stück liefen sie geduckt. Unter einem Fenster blieben sie schließlich sitzen.
„Was machen wir jetzt?“, fragte Max. „Wenn wir die Stalltür öffnen, bemerkt man uns doch.“
Linda dachte einen Augenblick nach und antwortete: „Vielleicht steht die Hintertür offen oder wir finden ein Fenster, durch das wir hineinschlüpfen können, wie bei Kralles Haus.“
„Erinnere mich nicht daran. Das war ja so peinlich!“, entgegnete Max.
Plötzlich stand Linda auf. Sie zog sich am Fensterrahmen hoch und spähte ins Stallinnere.

„Bist du verrückt?“ Erschrocken zerrte Max an ihrem Hosenbein, damit sie sich wieder hinhockte.

„Hör auf! Ich schau doch nur mal kurz hinein“, protestierte sie leise und riss auf einmal die Augen auf. „Oh nein!“

„Was siehst du? Sag schon!“

„Da ist ein Mann in Nikolaus’ Box. Wir müssen etwas unternehmen. Er darf ihm nichts tun. Wir müssen meinen Schimmel retten“, sprudelte es aus Linda heraus.

Max sprang auf die Füße. „Deinen Schimmel?“

Anstatt zu antworten, riss Linda die Tür auf und schrie in den Stall hinein. „Was machen Sie da? Wer sind Sie? Lassen Sie die Finger von Nikolaus!“ Sie war so schrecklich wütend und machte sich solche Sorgen um den Schimmel, dass sie für einen Moment ihre Angst vergaß.

Da stürzte sich Max auf sie und riss sie in Tornados leere Box. „Wenn es der Erpresser ist, könnte er gefährlich sein." „Du hast recht. Es tut mir leid", keuchte Linda. Sie blinzelte aus der Box hinaus in die Dunkelheit, um den Mann richtig zu sehen. Genau in diesem Moment leuchtete er ihr mit der Taschenlampe direkt ins Gesicht. Das Licht blendete Linda, sodass sie für einen Augenblick

blind war. Sie konnte nur hören, wie sich eilige Schritte entfernten.

„Er haut ab!“, rief Linda entsetzt. Sie rieb sich so lange die Augen, bis die Lichtblitze verschwunden waren und sie wieder sehen konnte.

Schnell sprang sie auf und hastete zu Nikolaus’ Box. „Ich glaube, Nikolaus geht es gut.“

Max lief zur Hintertür „Er steigt in ein Auto ein. Oh nein, er fährt weg. Wir verlieren ihn“, rief er, und seine Stimme überschlug sich fast.

„Dann reiten wir hinterher“, sagte Linda, lief in Windeseile in den angrenzenden Sattelschuppen und holte das Zaumzeug heraus.

Erstaunt riss Max die Augen auf. „Du willst ohne Sattel reiten?“

„Wir haben keine Zeit, die Pferde zu satteln. Er wäre schon längst über alle

Berge“, entgegnete Linda und fühlte ein unangenehmes Grummeln im Magen. Es würde schwierig für sie werden, denn sie war ohne Sattel keine gute Reiterin. Sie fürchtete, dass Nikolaus scheuen und sie abwerfen könnte. Sie hatte gedacht, sie hätte ihre Angst überwunden, aber nun spürte sie, dass ihre Beine zitterten. Doch was blieb ihr anderes übrig? Sie mussten dem Erpresser sofort folgen, oder es war zu spät.

Hastig legte Linda Nikolaus das Zaumzeug an. Sie führte ihn zu einer Kiste, die am Eingang stand, stieg darauf und sprang auf den Rücken des Schimmels.

„Finde ich mutig von dir“, sagte Max, der schon auf Siebenschläfer saß.

Das Auto tauchte bereits in den Wald ein. Linda und Max ritten im Trab um den Kastanienhof herum. Sie trieben ihre Pferde an und galoppierten über die Hauptstraße. Dann bogen sie in einen Feldweg ein, der in den Wald führte.

„Wir müssen schneller reiten, sonst ist er verschwunden“, rief Max bestürzt. „Ich kann sein Auto kaum noch erkennen, weil der Wald so dunkel ist und er kein Licht an hat.“

Linda stöhnte. Sie presste ihre Beine so gut es ging an Nikolaus’ Bauch und hielt sich nicht nur an den Zügeln, sondern auch an seiner Mähne fest. Trotzdem rutschte sie auf dem Pferderücken gefährlich von einer Seite auf die andere.

„Ich kann nicht schneller. Galoppiere du voraus.“

„Ich lass dich auf keinen Fall allein“, protestierte Max und drehte sich zu ihr um.

„Ich folge doch sofort. Du musst an ihm dranbleiben, denn er ist bestimmt der

Erpresser. Warum würde er sonst vor uns flüchten? Wir dürfen ihn nicht aus den Augen verlieren."
„In Ordnung", willigte Max schließlich ein und trieb Siebenschläfer erneut an. Instinktiv wollte auch Nikolaus schneller laufen, doch Linda zog an den Zügeln und bremste ihn ein wenig. Sie fielen weiter zurück. Der Abstand zu Max wurde immer größer. Linda bekam eine

Gänsehaut, denn der Wald war finster. Aber sie dachte an den armen Tornado und biss die Zähne zusammen.
Max bog an der nächsten Kreuzung nach links ab, und Linda verlor ihn aus den Augen. „Warte auf mich“, schrie sie aus Leibeskräften, aber er antwortete nicht. Die Bäume verschluckten ihre Rufe, und Max war zu weit weg, um sie zu hören. Aber sie traute sich nicht, Nikolaus noch mehr anzutreiben, denn sie befürchtete herunterzufallen. Umkehren wollte sie auf keinen Fall, und so ritt sie einsam weiter.

Ein halsbrecherischer Ritt

Als Linda endlich die Weggabelung erreichte, war Max verschwunden. Aber in der Ferne sah sie eine Hütte, in der Licht brannte. Hörte sie da nicht ein Pferd wiehern? Linda galoppierte ein Stück und ließ dann Nikolaus in den Trab fallen. Einige Meter vor der Hütte zog sie sanft an den Zügeln. Der Schimmel ging im Schritttempo weiter. Auf dem weichen Pfad war sein Hufgetrappel kaum zu hören.
Da sah Linda Siebenschläfer. Er war an einem Baum angebunden. Von Max fehlte jede Spur. Lindas Herz klopfte so laut, dass sie schon Angst hatte, entdeckt zu werden. Aufgeregt sprang sie von Nikolaus' Rücken und schlang die Zügel um einen Zweig. Sie schlich sich vorsichtig an und versuchte, auf

keinen Ast zu treten, damit das Knacken sie nicht verriet.
Als sie näher kam, entdeckte sie einen Schuppen hinter der Hütte. Er war klein und sah aus, als könnte der leiseste Windstoß ihn umwerfen. Ein breiter Riss durchzog das einzige Fenster. Der Spalt war notdürftig mit einem grauen Klebeband zugeklebt.
Geduckt schlich Linda zur Hütte und

spähte hinein. Das Einzige, was sich darin bewegte, war die zuckende Flamme einer Öllampe. Ansonsten war das Haus leer. Ein mulmiges Gefühl breitete sich in Lindas Magen aus. Wenn drinnen eine Lampe brannte, aber niemand zu sehen war, musste der Erpresser irgendwo im Dickicht unterwegs sein. Vielleicht beobachtete er sie sogar in diesem Augenblick.
Beunruhigt kaute Linda auf einer ihrer blonden Haarsträhnen herum. Sie konnte nicht einfach wegreiten. Erst musste sie Max finden. Als sie gerade in die Hütte schlüpfen wollte, um nach Hinweisen zu suchen, wieherte ein Pferd. Linda runzelte die Stirn und schaute zu Siebenschläfer und Nikolaus.
„Ihr wart das nicht, aber wer dann?“, murmelte sie ängstlich.
Sie entschloss sich, einen Blick in den

Schuppen zu werfen. Vorsichtig setzte sie einen Fuß vor den anderen und schritt langsam zu dem Bretterverschlag hinüber. Sie kauerte sich unter das Fenster und horchte. Da war zwar kein Wiehern, aber ein deutliches Scharren, als würde ein Pferd nervös in seiner Box umhertrampeln.
Entschlossen, das Geheimnis zu lüften, stand Linda auf. Sie musste sich auf die Zehenspitzen stellen, um durch das Fenster in den Schuppen sehen zu können. Zuerst erkannte sie in der Dunkelheit gar nichts. Dann wurden die Konturen immer schärfer. In einer Ecke bewegte sich etwas Großes. Nervös wiegte es den massigen Kopf hin und her, riss an dem Seil, mit dem es angebunden war, und scharrte mit den Hufen im Heu.
„Tornado!", rief Linda glücklich, hielt sich

aber sofort den Mund zu, denn ihr Freudenschrei war viel zu laut gewesen.

Plötzlich klopfte Max von innen gegen die Fensterscheibe. Er schrie, aber Linda konnte nicht verstehen, was er sagte. Hektisch winkte er ihr zu. Er schlug sich gegen die Stirn, weil Linda ihn nicht verstand, und hüpfte auf der Stelle herum.

Da hatte sie eine Idee. Sie riss das Klebeband vom Fenster, sodass der breite Spalt in der Scheibe zum Vorschein kam. „Kannst du das Fenster nicht von innen öffnen?“, fragte sie aufgeregt.

„Der Griff fehlt, und die Tür ist abgeschlossen“, brüllte Max. „Er hat mich hier bei Tornado eingesperrt. Lauf weg! Sofort. Bring dich in Sicherheit.“

„Wen meinst du?“

„Den Erpresser natürlich.“

„Aber wer ist er?“ Lindas Magen schlug Purzelbäume. „Hast du ihn erkannt?“ Bevor Max antworten konnte, kam jemand um die Hütte herum und stellte sich breitbeinig hinter Linda. „Leider ja! Darum muss ich euch beide jetzt hier einschließen, bis ich Tornado verkauft und das Weite gesucht habe.“ Erschrocken drehte sich Linda um. „Philipp!“, rief sie. „Du erpresst den

Kastanienhof?“ Sie traute ihren Augen nicht. Der Stallbursche war doch immer so nett gewesen. Er zeigte immer ein Lächeln auf den Lippen und hatte mit ihnen die Handzettel und Werbeplakate für den Spaßtag verteilt.
„Ja, aber Thomas Konrad kann nicht zahlen und dein Vater will nicht.“ Mit langsamen Schritten kam er auf sie zu. „Und jetzt haben sie sogar die Polizei eingeschaltet. Das hätten sie nicht tun sollen.“
Ängstlich wich Linda zurück. Sie suchte nach einem Fluchtweg. Sollte sie in den dunklen Wald hineinlaufen und sich dort verstecken? Nein, Philipp würde sie mit seinen langen Beinen im Nu einholen. Linda riss sich zusammen und fragte: „Warum gibst du Tornado nicht zurück, wenn du weißt, dass niemand Lösegeld zahlen wird?“

Philipp lachte, aber es war ein gemeines Lachen, das Linda eine Gänsehaut verursachte. „Tornado ist alles, was mir noch bleibt, um endlich an viel Geld zu kommen“, erklärte er. „Ich werde ihn morgen früh an einen anderen Rennstall verkaufen. Dann brauche ich keinen Pferdemist mehr schaufeln, sondern werde mich den lieben langen Tag an irgendeinem Strand sonnen.“
„Aber Tornado kann nie mehr an einem Pferderennen teilnehmen, weil Herr Konrad und bestimmt auch viele andere ihn sofort erkennen würden“, erklärte Linda verzweifelt und stieg rückwärts über einen Ast. Ihre Beine waren weich wie Pudding.
Grinsend schüttelte Philipp den Kopf. „Tornado wird nie wieder ein Rennen laufen. Ich habe ihn als Deckhengst angeboten. In ein paar Jahren werden

seine Nachkommen die schnellsten Vollblüter Deutschlands sein."
Linda brachte keinen Ton mehr heraus. „Langsam verliere ich die Geduld mit dir", meinte er grimmig. Jedes Lächeln war aus seinem Gesicht verschwunden. „Ich sperre dich jetzt zu Max und ..."
Linda schauderte, wartete aber keine Sekunde länger, denn Philipp war so nah, dass er nur noch die Arme ausstrecken und sie ergreifen musste. In Windeseile bückte sie sich. Sie nahm eine Handvoll Erde vom Waldboden und warf sie Philipp ins Gesicht. Erschrocken schrie er auf und rieb sich die Augen. Linda nutzte diese Gelegenheit und hastete um den Schuppen herum. Atemlos rief sie Max zu: „Ich hole Hilfe!" Philipp war ihr längst auf den Fersen. Er folgte ihr wütend und holte schnell auf. Eilig lief Linda an der Hütte vorbei. Sie

rannte hinüber zu Nikolaus und riss den Zweig ab, an dem die Zügel festgebunden waren. Aber wie sollte sie nun auf den Pferderücken kommen? Ohne Hocker war das unmöglich! Sie durfte nicht stehen bleiben. Linda raste mit pochendem Herzen weiter und zog Nikolaus mit sich. Da sah sie einen Baumstumpf nur wenige Schritte von ihr entfernt. Ohne sich noch einmal nach Philipp umzudrehen, lief sie zu dem Stumpf. Sie stieg hinauf und sprang schwungvoll auf Nikolaus' Rücken. Sofort trieb sie ihn an, den Weg zurückzulaufen, den sie gekommen waren. Sie musste so schnell wie möglich zum Gestüt und Hilfe holen.

„Lieber langsamer, aber heil ankommen, als herunterfallen und mir ein Bein brechen", murmelte sie und trabte durch den Wald. Vor lauter Aufregung konnte

sie sich kaum auf dem Schimmel halten. Sie rutschte von einer Seite zur anderen. Verzweifelt hielt sie sich an der Pferdemähne fest. Doch Nikolaus spürte ihre Angst. Er schüttelte immer wieder den Kopf, sodass sie die Mähne losließ und nur die Zügel hielt.
Plötzlich stob Philipp durch das Gehölz und schnitt ihr den Weg ab.
„Siebenschläfer!“, rief Linda erschrocken

und wäre beinahe heruntergefallen. Philipp hatte Max' Fuchs genommen und war ihr gefolgt.

„Gib auf!“, blaffte er und grinste Linda siegessicher an. „Du kannst mir nicht entkommen, schließlich ist es mit deinen Reitkünsten nicht weit her!“

„Was?“, entfuhr es Linda. Sie konnte nicht glauben, was sie da hörte. Sie hatte wegen des Unfalls immer noch Angst. Okay. Und es fiel ihr schwer, sich ohne Sattel auf dem Pferderücken zu halten, aber deshalb war sie keine schlechte Reiterin. Auf einmal war sie richtig wütend. Und die Wut besiegte ihre Angst. Das wollte sie nicht auf sich sitzen lassen. Sie würde Philipp und dem Rest der Welt das Gegenteil beweisen.

„Das wirst du ja sehen!“, schrie sie aufgebracht und riss die Zügel herum.

Gleichzeitig trieb sie Nikolaus energisch an. Der Schimmel trabte los und beschleunigte sogleich in den Galopp. Linda schmiegte ihre Beine eng an den Pferdekörper. Sie spürte Nikolaus' Muskeln und die Wärme seines Körpers. In der einen Hand hielt sie die Zügel. Die andere streckte sie aus, um das Gleichgewicht besser halten zu können. Nur hin und wieder zog sie den Arm ein, wenn die Bäume zu eng beieinander standen.
Damit sie schneller vorankamen, legte sich Linda fast auf den Pferdehals. Immer wieder drehte sie sich zu Philipp um, der sie beharrlich verfolgte. Selbst in der Dunkelheit konnte sie sein zorniges Gesicht sehen. Aber Linda würde es ihm nicht leicht machen. Sie ließ sich von niemandem eine schlechte Reiterin nennen!

Philipp holte auf. Er streckte schon seine Hand aus, um ihr die Zügel zu entreißen. Da lenkte Linda ihr Pferd urplötzlich nach rechts. Sie galoppierten im Slalom um einige Linden herum. Dann tauchten sie in einer kleinen Gruppe von Tannen unter. Für einige Sekunden verlor Linda Philipp aus den Augen und atmete auf. Sie war erstaunt über sich selbst. Ihr Oberkörper hatte sich zwar bei den Richtungswechseln

ziemlich weit nach rechts und links geneigt, doch sie hatte ihre Beine nicht gelockert und auch den Arm nicht heruntergenommen, hatte sich auf ihre Haltung konzentriert und war mit dem Pferd mitgegangen. Sie war mit Nikolaus eins gewesen. Das machte Linda Mut, und sie trieb den Schimmel weiter an, denn schon galoppierte Philipp wieder herbei.
Er kreuzte ihren Weg, sodass Linda erneut die Zügel herumreißen musste. Nikolaus erschrak und bäumte sich auf. Linda blieb fast das Herz stehen. Sie rutschte gefährlich nach hinten und spürte Philipps' Hand an ihrem Arm. Doch Nikolaus beruhigte sich, und sie konnte sich auf ihm halten. Dann trieb Linda den Schimmel weiter an, und sie preschten unter den Tannen hindurch. Plötzlich umgab Linda nur noch die

Nacht, denn sie hatten den Wald hinter sich gelassen und ritten über eine Wiese. Erleichtert erspähte sie in der Ferne bereits das Gestüt. Nur noch ein paar Meter, und sie hatte es geschafft. Aber ihre Kräfte ließen langsam nach, und sie konnte Philipp nicht mehr durch geschickte Richtungswechsel ausweichen, denn von nun an galoppierten sie auf den Sandwegen an den Koppeln vorbei. Philipp war ihnen dicht auf den Fersen und versuchte Nikolaus' Schweif zu fassen. Linda musste wieder in Schlangenlinien reiten, damit er nicht an ihr vorbeizog. Dabei kam Nikolaus dem Zaun so nah, dass Linda mit dem Unterschenkel dagegen stieß. Sie erschrak heftig, fing sich aber wieder und lenkte das Pferd in die Mitte des Sandwegs. Linda war erstaunt, denn sie fühlte sich immer sicherer ohne Sattel.

„Schneller“, feuerte sie Nikolaus an. Der Schimmel stürmte über den Pfad und stob an der Hauptstraße nach rechts zum Gestüt, ohne dass Linda ihn führte. Er wollte nach Hause.
Philipp hatte mittlerweile Mühe hinter ihnen herzukommen. Linda hörte, dass Siebenschläfer Luft durch seine Nüstern ausstieß, und auch Philipp keuchte vor Anstrengung. Linda hatte selbst kaum noch Kraft. Ihre Oberschenkel schmerzten, weil sie die Beine immerzu eng an Nikolaus’ Bauch drückte. Ihr Hinterteil tat weh und auch ihr Rücken. Doch sie dachte an Max und Tornado, die eingesperrt in Philipps Schuppen darauf warteten, dass sie Hilfe holte. Linda würde sie nicht im Stich lassen.
Das Tor zum Hof war verriegelt. Schnell ritt sie um das Gestüt herum und durch die Hintertür in den Pferdestall. Linda

durfte keine Zeit verlieren. Aufgeregt sprang sie von Nikolaus' Rücken. Philipp kam gerade auf Siebenschläfer angeprescht. Linda lief zur vorderen Stalltür und legte die Hand an den Griff. Da packte Philipp sie. Er hielt ihr mit der Hand den Mund zu, damit sie nicht schreien konnte und zerrte sie zur Hintertür. Linda zappelte mit Händen und Füßen und versuchte verzweifelt, sich zu wehren. Sie trat ihm auf die Füße und zerkratzte seine Arme, aber Philipp ließ nicht locker. Was sollte sie nur tun?

Plötzlich kam Kralle vom Innenhof in den Stall. „Was ist denn hier los?", brüllte er so laut, dass die Pferde in den Boxen nervös scharrten. „Lass sofort das Mädchen los, Philipp!"

Philipp erschrak und wollte flüchten, aber Kralle war mit Riesenschritten bei

ihm und packte ihn am Kragen. Alles Zappeln und Zetern half nichts. Kralle hatte ihn fest im Griff.
„Erpresser ... die Briefe ... Tornados Entführung ... wir müssen Max befreien“, sprudelte es unverständlich aus Linda heraus. Dann brach sie in Tränen aus.
Kralle runzelte besorgt die Stirn. „Ich verstehe absolut nichts. Jetzt beruhige dich erst einmal.“ Er legte seinen Arm

um Lindas Schulter, die immer noch schluchzte. „Wir gehen am besten ins Haus und du erzählst alles Herrn Konrad und deinem Vater.“ Ermutigend nickte er Linda zu.

Gerettet!

Als Linda und Kralle mit Philipp ins Haus kamen und Linda berichtete, was vorgefallen war, schloss ihr Vater sie erschrocken in die Arme. „Das war sehr gefährlich“, sagte er besorgt und streichelte über ihren Kopf.
„Aber wir mussten den Erpresser verfolgen, sonst hätten wir seine Spur verloren. Wir wussten ja noch nicht, dass es Philipp ist, und Tornado hätten wir auch nie gefunden“, erzählte Linda aufgewühlt. „Ich bin geritten wie ein Wirbelwind.“ Stolz dachte sie daran, wie Nikolaus sich aufgebäumt hatte und sie trotzdem nicht heruntergefallen war.
„Ganz ohne Sattel“, warf Kralle ein und zwinkerte ihr freundlich zu.
„Das war eine echte Meisterleistung!“, gratulierte Herr Konrad und fügte hastig

hinzu: „Aber jetzt müssen wir dringend Max befreien. Zeigst du mir den Weg zur Hütte?“

Linda nickte eifrig.

„Wir nehmen den Anhänger mit, um Tornado auch gleich mit nach Hause zu bringen“, meinte er und griff nach dem Autoschlüssel.

„Und ich rufe inzwischen die Polizei.“ Lindas Vater nahm den Telefonhörer

und zeigte damit auf Philipp. „Damit der Rennstall-Erpresser endlich verhaftet werden kann!"
Dann ging alles sehr schnell. Linda führte Herrn Konrad zur Hütte im Wald. Sie liefen zum Schuppen und fanden Max, der in einer Ecke hockte. Erschrocken sah er sie an, als sie die Tür mit einem Brecheisen öffneten. Aber dann leuchtete Linda mit einer Taschenlampe in ihr Gesicht, und Max erkannte seine Retter. Er sprang auf und stürzte sich in die Arme seines Vaters.
„Alles ist wieder in Ordnung", sprach Herr Konrad beruhigend auf ihn ein. „Philipp wird auf dem Kastanienhof festgehalten, bis die Polizei eintrifft."
„Wir, die Rennstall-Detektive, haben den Erpresser gefasst!", verkündete Linda stolz. Sie lief zu dem Rappen und streichelte über sein flockenförmiges

Abzeichen. „Hoffentlich geht es Tornado gut.“
Herr Konrad antwortete: „Er sieht ganz gesund aus. Bestimmt hat Philipp ihn gut versorgt, denn er wollte ihn schließlich verkaufen. Und nur ein gepflegtes Vollblut bringt viel Geld.“
„Ich habe mit meinem Schuh das Fenster eingeschlagen.“ Max zeigte zu dem Fenster, durch das Linda in den Schuppen gespäht hatte. „Es war ja eh schon kaputt. Die Scheibe brach sofort heraus, aber es ragen spitze Scherben aus dem Rahmen. Darum konnte ich nicht durchklettern.“
Linda merkte, dass Max die Angst noch in den Knochen steckte, weil er so lange im Schuppen hatte warten müssen, während sie Hilfe geholt hatte. Darum sagte sie: „Es war bestimmt gruselig, allein im dunklen Schuppen zu sitzen.

Ich hätte mich schrecklich gefürchtet. Du warst richtig mutig, finde ich!"
„Tornado war bei mir." Max lächelte zaghaft. „Ich habe durch das Fenster beobachtet, wie Philipp dir auf Siebenschläfer hinterhergeritten ist. Du warst ziemlich schnell und das ohne Sattel!"
„Warum erwähnt das nur jeder?", fragte Linda und richtete die Taschenlampe auf den Boden, damit niemand sah, wie rot sie im Gesicht wurde.
Kurz darauf führte Herr Konrad Tornado in den Anhänger. Erleichtert stiegen alle ins Auto und fuhren zum Gestüt zurück. Die Polizei empfing sie im Innenhof. Während Herr Konrad den Rappen in seine Box führte und Kralle den Tierarzt anrief, damit er Tornado untersuchte, erzählten Linda und Max den Polizisten, was vorgefallen war. Sie gingen sogar mit ihnen in den Stall und spielten nach,

wie sie Philipp in Nikolaus' Box erwischt hatten. Auch die kleine Hütte und den Schuppen im Wald mussten sie ihnen zeigen, damit die Polizisten die Spuren und Beweise sichern konnten.
Es war schon spät in der Nacht, als die Polizisten zum Revier zurückfuhren. Philipp, der wie ein Häufchen Elend aussah, nahmen sie in Handschellen mit. Auch der Tierarzt verabschiedete sich. Er hatte Tornado untersucht und zur Freude aller festgestellt, dass er kerngesund war.
Linda, Max und ihre Väter saßen noch eine Weile in der Küche zusammen. Linda war fast zu müde, um ein Glas Saft zu trinken, aber durch den Trubel hatte sie großen Durst bekommen. Auch Max fielen die Augen zu. Er stützte seinen Kopf mit einer Hand ab und gähnte. „Ich habe nachgedacht", sagte Gregor

Tillmanns. Alle am Tisch horchten auf. „Der Erpresser ist nun verhaftet, und Tornado steht wieder gesund in seiner Box."
Herr Konrad nickte und schaute ihn erwartungsvoll an.
„Ich müsste natürlich erst mit Ihnen darüber sprechen, aber ich habe da so eine Idee." Gregor Tillmanns nippte an seinem Mineralwasser. „Der Spaßtag

war wirklich erfolgreich. Es rufen immer noch Eltern an, die ihre Kinder zu Reitkursen anmelden wollen. Das bekomme ich doch mit."

„Das Geschicklichkeitsreiten war aber auch spannend und lustig", sagte Linda begeistert und trank ihr Glas leer.

Ihr Vater strich ihr über das Haar. „Ich bin stolz auf euch! Einen öffentlichen Reittag zu organisieren und durchzuführen, war viel Arbeit."

„Ihr habt überall Werbung gemacht, wo es möglich war, und die Kinder motiviert, bei den Spielen mitzumachen", fügte Herr Konrad anerkennend hinzu.

Gregor Tillmanns wandte sich an Herrn Konrad. „Ich habe einen Vorschlag für Sie. Was halten Sie davon, wenn ich das Gestüt nicht erwerbe, sondern mich mit meinem Geld in Ihren Rennstall einkaufe? Ich kümmere mich um die

Rennpferde, Sie beteiligen mich an den Gewinnen und können mit dem Gestüt ansonsten machen, was Sie möchten."

„Zum Beispiel Reitkurse anbieten", warf Linda ein und strahlte.

Max rutschte auf dem Küchenstuhl hin und her und fragte erwartungsvoll:
„Dann behalten wir den Kastanienhof?"

„Wir brauchen das Gestüt nicht mehr zu verkaufen, aber wir teilen den Rennstall mit Herrn Tillmanns." Herr Konrad nickte lächelnd und schüttelte die Hand seines neuen Partners.

Max jubelte vor Freude.

Und auch Linda war glücklich, denn nicht nur Nikolaus war ihr ans Herz gewachsen, sondern auch Max. „Du wirst mich jetzt immer in den Ferien ertragen müssen", neckte sie ihn und war froh, dass sie ihre Angst vor dem Reiten überwunden hatte.

Max grinste frech. „Aber nur, wenn du gemeinsam mit mir voltigierst. Ohne Sattel reiten kannst du ja schon."
„Ja, das kann ich", antwortete Linda stolz und konnte sich nichts Schöneres vorstellen, als auf Nikolaus' Rücken zu sitzen und Seite an Seite mit Max zu reiten.

Sandra Henke, geboren 1973 in Neuss, veröffentlichte bereits mehrere Bücher für Kinder und Erwachsene und hat erfolgreich an verschiedenen Literaturwettbewerben teilgenommen. Mehr Infos zur Autorin finden sich unter: www.HenkeBuecher.de

Bärbel Witzig studierte Kunst an der PH und Kommunikationsdesign in Heidelberg und Mainz und setzte schon in ihrer Abschlussarbeit ihr Traumziel vom Schreiben und Zeichnen eines Kinderbuches um. „Kalle-Buddel im Wiesental" heißt das Ergebnis, dem viele weitere Bücher folgen sollten. Bärbel Witzig lebt und arbeitet heute in Freiburg, als freiberufliche Illustratorin.

In dieser Reihe sind erschienen:

Anne und der Pferdeflüsterer

ISBN 978-3-86625-145-8

Casting auf dem Ponyhof

ISBN 978-3-86625-148-9

Emma, du schaffst es!

ISBN 978-3-86625-147-2

Der Rennstall-Erpresser

ISBN 978-3-86625-146-5

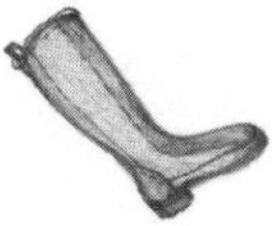